I0025923

PREMIERE ÉTUDE

DE

LA GRAMMAIRE

FRANÇAISE;

Faisant partie du *Cours d'Études élémentaires*,
et du *Cours de Langue française* ;

Par CHEMIN-DUPONTÈS,

Aucien maître de Pension , Professeur de
Belles-Lettres, Maître de Langues grecque ,
latine , française et italienne , etc.

QUATORZIÈME ÉDITION.

———

A PARIS,

Chez l'Auteur, rue des Pélerins-Saint-Jacques-
l'Hôpital , N°. 5, près de la rue Mauconseil.

1819.

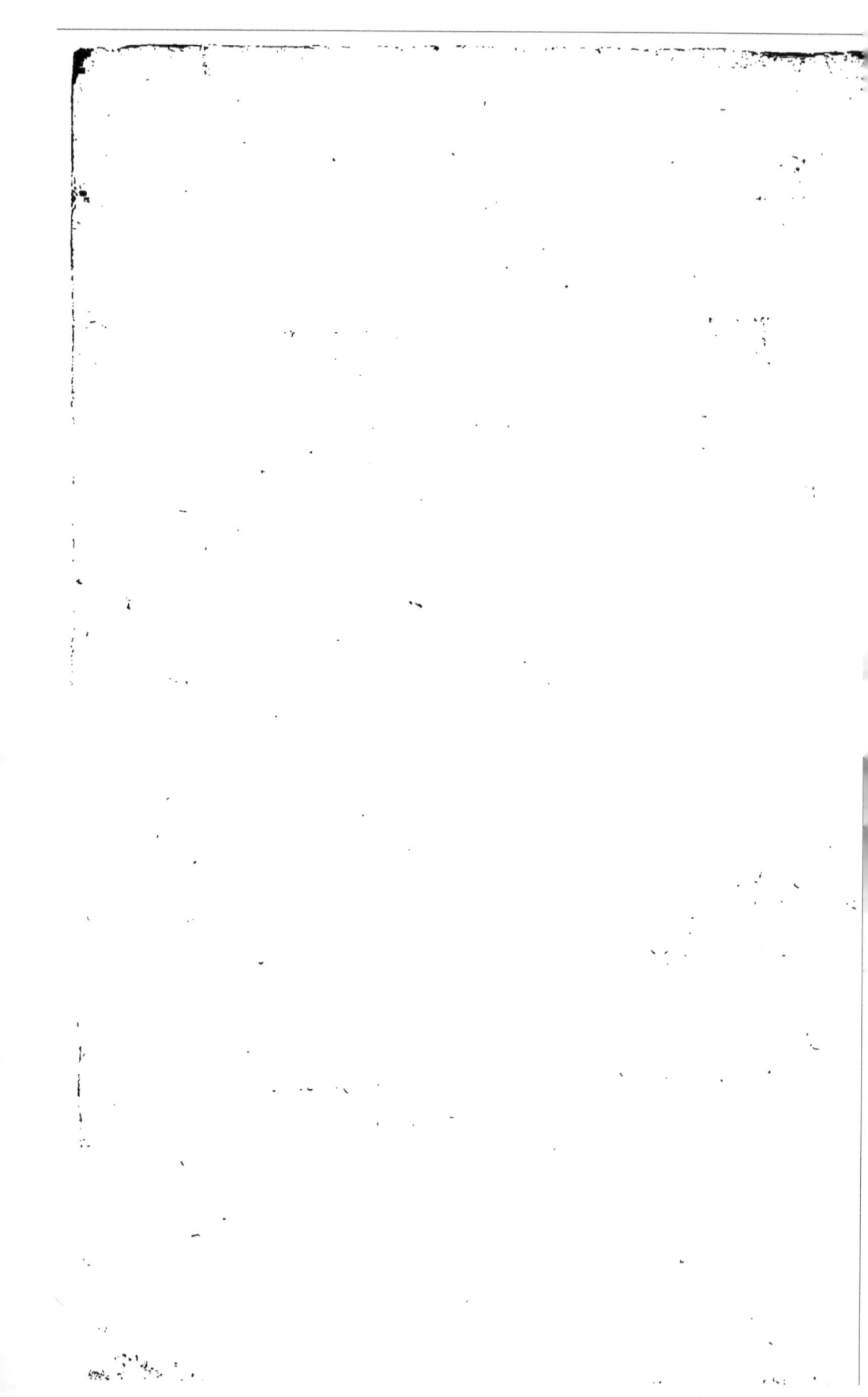

PREMIERE ÉTUDE

DE

LA GRAMMAIRE.

NOTIONS PRÉLIMINAIRES.

Demande. Qu'est-ce que la Grammaire ?
Réponse. C'est l'art de parler et d'écrire correctement.

D. De quoi se sert-on pour exprimer ses idées par l'écriture ou par la parole ?

R. On se sert de mots.

D. De quoi les mots sont-ils composés ?

R. De lettres.

1. *Des Lettres.*

D. Combien y a-t-il de sortes de lettres ?

R. Deux sortes, les voyelles et les consonnes.

D. Qu'est-ce qu'une voyelle ?

R. C'est une lettre qui, seule et sans le secours d'une autre lettre, forme un son.

D. Combien y a-t-il de voyelles ?

Gram. 1.

R. Cinq : *a*, *e*, *i*, *o*, *u*.

D. Qu'est-ce qu'une consonne ?

R. C'est une lettre qui a besoin d'une voyelle pour former un son. Ainsi *b*, *c*, *d*, etc. ne se prononcent qu'avec la voyelle *e*, comme s'il y avait *be*, *ce*, *de*. Il y a dix-neuf consonnes : *b*, *c*, *d*, *f*, *g*, *h*, *j*, *k*, *l*, *m*, *n*, *p*, *q*, *r*, *s*, *t*, *v*, *x*, *z*.

D. Combien y a-t-il de sortes d'*e*?

R. Trois sortes : *e* muet, *é* fermé, *è* ouvert.

D. Qu'est-ce que l'*e* muet ?

R. C'est celui dont le son est sourd et peu sensible, comme dans ces mots, homm*e*, livr*e*, mond*e*.

D. Qu'est-ce que l'*e* fermé?

R. C'est celui qui se prononce la bouche presque fermée. On met sur cet *e* un accent aigu (de droite à gauche), comme dans bont*é*, humanit*é*, probit*é*.

D, Qu'est-ce que l'*e* ouvert?

R. C'est celui qu'on prononce en appuyant dessus, et en ouvrant la bouche. On met sur cet *e* un accent grave (de gauche à droite), comme dans succ*è*s, acc*è*s, proc*è*s.

D. A quoi emploie-t-on l'*y* grec?

R. Cette lettre s'emploie ordinairement pour deux *i*. Ainsi les mots *effrayer*, *moyen*, *paysan*, se prononcent comme s'il y avait *effrai-ier*, *moi-ien*, *pai-isan*.

Elle a été conservée avec le son d'un *i* seul,

dans les mots qui viennent du grec , comme *physique.*

D. Que remarque-t-on de particulier dans la lettre *h?*

R. Elle est aspirée dans certains mots , et ne l'est pas dans d'autres.

D. Que veut dire qu'elle est aspirée dans certains mots ?

R. C'est-à-dire qu'on la prononce du gosier avec la voyelle qui la suit. Ainsi, dans les mots suivans, la *h*aine , le *h*ameau , le *h*éros , on écrit et on prononce chaque mot séparément , et on prononce du gosier la voyelle qui suit la lettre h ; au lieu que les mots , l'*h*omme , l'*h*onneur , l'*h*istoire, où la lettre *h* n'est pas aspirée , se prononcent comme s'il y avait seulement l'omme, l'onneur , l'istoire , sans la lettre *h.*

2. *Des Voyelles longues , et des brèves.*

D. Qu'est-ce que les voyelles longues ?

R. Ce sont celles sur lesquelles on appuie plus longtemps que sur les autres, en les prononçant.

D. Qu'est-ce que les voyelles brèves ?

R. Ce sont celles sur lesquelles on appuie moins longtemps.

D. Donnez-moi des exemples de mots qui contiennent des voyelles longues et des brèves ?

R. *a* est long dans *pâte* pour faire du pain , et bref dans *patte* d'animal.

1 *

e est long dans *tempéte*, et bref dans *trompette*.

i est long dans *gîte*, et bref dans *petite*.

o est long dans *le nôtre*, et bref dans *notre livre*.

u est long dans *flûte*, et bref dans *butte*.

3. *Des Accens.*

D. Qu'est-ce que les accens?

R. Ce sont de petits signes qui servent à marquer les différentes sortes d'*e* et les voyelles longues.

D. Combien y a-t-il de sortes d'accens?

R. Trois sortes : l'accent aigu, (´), qui se met sur les *e* fermés, *bonté*; l'accent grave (`), qui se met sur les *e* ouverts, *succès*: l'accent circonflexe (^), qui se met sur la plupart des voyelles longues, *tempéte*.

Nota. Voyez les autres signes à la fin du livre, chap. de l'*Orthographe*.

4. *Des Voyelles composées.*

D. Qu'est-ce que les voyelles composées?

R. On appelle ainsi plusieurs voyelles ensemble, qui ne forment qu'un son. Les mots suivans contiennent des voyelles composées : il man*gea*, je chan*tai*, *maison*, *seigle*, *faible*, a*uteur*, table*au*, *geolier*, pi*geon*, etc. Ils se prononcent comme s'il y avait : il man*ja*, je chan*té*, *mèson*, *sègle*, *féble*, *ôteur*, ta*blo*, *jolier*, pi*jon*.

5. *Observations particulières sur quelques Consonnes.*

D. Les consonnes se prononcent-elles toujours de la même manière?

R. Non.

D. Indiquez les différences de prononciation pour les consonnes qui en sont susceptibles.

R. Le *C* , devant les voyelles *a* , *o* , *u* , a le son du *k* , comme dans ces mots, *cabinet* , *colère* , *cube* , à moins qu'il n'y ait dessous un petit signe *cédille* , et qui donne au *c* , le son de l'*s* , comme dans les mots *façade* , *garçon*.

Quand *D* finit un mot , et que le mot suivant commence par une voyelle ou par une *h* muette ou non aspirée , il a le son du *t*. Ainsi l'on prononce *grand arbre* , *grand homme* , comme s'il y avait *t* à la fin de *grand* , au lieu d'un *d*.

G se prononce dur devant les voyelles *a* , *o* , *u* , comme *galop* , *gobelet* , et a le son du *j* devant les voyelles *e* , *i* , comme dans *giberne* , *généreux*.

S , entre deux voyelles , a le son de *z* , comme dans *présent* , *artisan*.

T conserve le son qui lui est propre , excepté dans certains mots , où il prend le son d'*s* , comme dans *patience* , *ambition* , et autres mots que l'usage seul peut apprendre.

X a ordinairement le son de *c* et d'*s*. Ainsi l'on prononce *fixer* , *taxer* , comme s'il y avait *fic-ser* , *tac–ser*. Dans d'autres mots, il se prononce comme un *g* et un *z*, comme dans *exact*, *exemple*, qui se prononcent *eg-zact*, *eg-zemple*.

La même lettre, à la fin d'un mot suivi d'un mot qui commence par un voyelle ou par un *h* muette, a le son du *z* : *Nos ayeux ont droit à notre reconnaissance*. Lisez : *Noz aïeux zont*, etc.

Ph se prononce comme *f* : *philosophe*, *filosophe; triomphe*, *triomfe*.

6. *Des Syllabes.*

D. Qu'est-ce qu'une syllabe?

R. On appelle *syllabe*, une ou plusieurs lettres qui forment un son. Chaque voyelle peut être une syllabe, parce que chaque voyelle seule fait un son, comme *a* dans *a-mour*. Il y a des syllabes de deux, trois, quatre et cinq lettres, comme *ba*, *bla*, *bail*, et *gneur* dans bai*gneur*.

7. *Des espèces de mots.*

D. Combien y a-t-il d'espèces de mots dans la langue française?

R. Il n'y en a que dix. Les plus longs discours et les plus gros livres ne sont composés qu'avec dix espèces de mots; de même que les calculs les plus forts se font avec dix chiffres seulement.

Ces mots, qu'on appelle aussi *Parties du Discours*, sont le *Nom*, l'*Article*, l'*Adjectif*, le *Pronom*, le *Verbe*, le *Participe*, la *Prépo-*

sition , l'*Adverbe* , la *Conjonction* et l'*Inter-jection.*

D. Il suffit donc de bien connaître ces dix es-pèces de mots , pour savoir la Grammaire ?

R. Oui , et cette simplicité de la Grammaire doit être un grand encouragement à l'apprendre.

PREMIÈRE ESPÈCE DE MOTS.

8. LE NOM.

D. Qu'est-ce que le nom ?

R. C'est un mot qui sert à *nommer* une personne ou une chose , comme *Socrate* , *Cicéron* , *livre* , *table* , *soleil* , etc.

D. Combien y a-t-il de sortes de noms ?

R. Il y en a de deux sortes : les *noms communs* , qui conviennent à plusieurs personnes, ou à plu-sieurs choses semblables, comme les mots *homme* , *pays* , *rivière* , qui conviennent à tous les hommes, à tous les pays, à toutes les rivières.

D. Qu'est-ce que les noms propres?

R. Ce sont ceux qui ne conviennent qu'à une seule personne ou à une seule chose. Ainsi les noms *Fénélon* , la *France* , la *Seine* , ne convien-nent qu'à l'homme, au pays, à la rivière, que ces noms servent à distinguer des autres hommes, des autres pays, des autres rivières.

D. Comment peut-on reconnaître si un mot est un nom ?

R. Si c'est un nom propre, le plus simple raisonnement le fait reconnaître, puisque c'est le nom de la personne, du pays, de la ville, de la rivière, etc. dont il s'agit.

Si c'est un nom commun, on essaie si l'on peut mettre devant, *le* ou *la*, *un* ou *une*. Les mots *lune*, *marbre*, *table*, sont des noms; car on peut dire : *la lune*, *le marbre*, *la table*.

D. N'y a-t-il pas encore autre chose à considérer dans les noms ?

R. Oui, il faut considérer le genre, c'est-à-dire, s'ils sont *masculins* ou *féminins*, et le nombre, c'est-à-dire, s'ils sont au *singulier* ou au *pluriel*.

D. Comment distingue-t-on quand un nom est au masculin ou au féminin ?

R. Un nom est au masculin, quand on peut mettre devant, *le* ou *un*, comme *le* ou *un jardin*. Un nom est au féminin, quand on peut mettre devant, *la* ou *une*, comme *la* ou *une rivière*.

D. Comment distingue-t-on quand un nom est au singulier ou au pluriel ?

R. Un nom est au *singulier*, quand on parle d'une *seule* personne ou d'une *seule* chose, comme *un* homme, *une* femme, *un* livre. Il est au *pluriel*, quand on parle de *plusieurs* personnes ou de *plusieurs* choses, comme *les* hommes, *les* femmes, *les* livres.

D. N'écrit-on pas les noms au *pluriel*, autrement que quand ils sont au *singulier* ?

R. Oui : la règle générale est d'ajouter pour le

pluriel, à la fin du nom, comme *la femme*, au pluriel *les femmes* ; *le jardin*, au pluriel *les jardins*.

D. N'y a t-il pas des exceptions ?

R. Oui.

D. Indiquez ces exceptions.

R. 1°. Quand le nom est terminé au singulier par *s*, *z*, *x*, on n'ajoute rien au pluriel, comme le *fils* les *fils* ; *le nez*, *les nez* ; *la voix*, *les voix*.

2°. Quand le nom est terminé au singulier par *au*, *eu*, *ou*, on ajoute *x* au pluriel : le bate*au*, les ba-teaux ; le *feu*, les *feux* ; le caill*ou*, les caill*oux*.

3°. Quand le nom est terminé au singulier par *ant* ou *ent*, on change au pluriel le *t* en *s* ; ainsi, en-f*ant*, les enf*ans* ; le par*ent*, les par*ens*.

D. Cette dernière exception a-t-elle lieu pour les monosyllabes, c'est-à-dire, pour les mots composés d'une seule syllabe ?

R. Dans ces sortes de mots, on conserve le *t*, et on ajoute *s*, suivant la règle ordinaire, comme une den*t*, les den*ts* (1).

D. Comment la plupart des noms en *al* et *ail*, font-ils leur pluriel ?

R. En *aux*, et c'est la quatrième exception, comme le chev*al*, les chev*aux* ; le trav*ail*, les trav*aux*.

_____

(1) De bons auteurs conservent encore au pluriel le *t* du singulier dans les noms de plusieurs syllabes, terminés par *ant* ou *ent*, et écrivent *les enfants*, *les parents* ; mais l'Académie conseille de supprimer ce *t*.

D. N'y a t-il pas plusieurs noms en *al* et en *ail*, qui, suivant la règle ordinaire, sont terminés par *s* au pluriel ?

R. Oui : ce sont *bal*, *carnaval*, *cal*, *pal*, *régal*, *attirail*, *bercail*, *camail*, *détail*, *épouvantail*, *éventail*, *gouvernail*, *mail*, *poitrail*, *sérail*.

Nota. Il y a quelques autres exceptions que l'usage apprendra. Voyez les *phrases graduées*.

DEUXIÈME ESPÈCE DE MOTS.

9. L'ARTICLE.

D. Qu'est-ce que l'article ?

R. C'est un petit mot que l'on met devant les noms communs, et qui fait distinguer s'ils sont au masculin ou au féminin, au singulier ou au pluriel. Cet article est *le* pour le singulier masculin, comme *le* livre ; *la*, pour le singulier féminin, comme *la* lumière ; *les*, pour le pluriel, tant masculin que féminin, comme *les* hommes, *les* femmes.

D. L'article ne se confond-il pas souvent avec d'autres mots ?

D. Oui : Quand il est joint à l'un des petits mots *de* ou *à*, qu'on appelle *prépositions*, ainsi que nous le verrons par la suite, il se confond avec ces petits mots. Ainsi l'on dit, au singulier masculin, *du* pour *de le* : bruit *du* tonnerre, pour bruit *de le* tonnerre; *Au* pour *à le* : porté *au* bien, pour porté *à le* bien.

On dît au pluriel, tant masculin que féminin, *des* pour *de les* : justice *des* lois, pour justice *de les* lois ; *aux* pour *à les* : j'obéis *aux* lois, pour j'obéis *à les* lois.

D. N'y a-t-il pas un autre mot qui tient souvent lieu d'article ?

R. Oui : c'est le mot *un* qu'on appelle dans ce cas, *article indéfini*, par opposition à l'article *le*, qui est défini.

D. Pourquoi appelle-t-on *un*, article indéfini ?

R. Parce qu'il ne détermine l'objet que d'une manière générale. Si, par exemple, je dis : *Prêtez-moi un livre*, je demande un livre quelconque, sans dire lequel. Si au contraire je dis : *Prêtez-moi le livre*, je demande d'une manière précise, le livre dont il est question, et non pas un autre.

D. Quel est le pluriel de *un*, employé comme article ?

R. C'est *des*. Exemple : j'ai rencontré *un* homme, *des* hommes, *une* femme, *des* femmes.

D. Comment peut-on distinguer si *des* est article indéfini, pluriel de *un*, *une*, ou s'il est employé pour *de les* ?

R. En mettant au singulier le nom qui suit *des*. Exemple : *j'ai rencontré des hommes*, il y aurait au singulier : *j'ai rencontré un homme*. Donc *des* est le pluriel de *un*. *La sévérité des lois*, il y aurait au singulier : *la sévérité de la loi ;* donc ici, *des* est pour *de les*.

TROISIÈME ESPÈCE DE MOTS.

10. L'ADJECTIF.

D. Qu'est-ce que l'adjectif?

R. C'est un mot formé du latin, qui signifie *a-jouté*, parce qu'on l'ajoute au nom pour marquer sa qualité. Ainsi, quand je dis *bon citoyen*, j'ajoute au nom *citoyen*, l'adjectif *bon*, qui exprime la qualité du *citoyen*; de même, quand je dis : *enfant sage, personne habile, belle fleur, grand arbre*, les mots *sage*, *habile*, *belle*, *grand*, sont des *adjectifs*, qui expriment les qualités des noms *enfant, personne, fleur, arbre*.

D. Comment reconnaît-on si un mot est un adjectif?

R. En essayant si l'on peut joindre à ce mot les noms *chose* ou *personne*. Ainsi les mots *vrai, faux, épais, joli, ingrat, riche, habile, cruel*, sont des adjectifs, parce qu'on peut dire *une chose vraie, une chose fausse, une chose épaisse, une personne jolie, une personne ingrate, une personne riche, une personne habile, une personne cruelle*.

D. N'emploie-t-on pas quelquefois des adjectifs comme noms?

R. Oui : ainsi l'on dit : *un riche*, pour *un homme riche; un savant*, pour *un homme savant; le vrai*, pour *la vérité*.

D. Comment accorde-t-on l'adjectif avec le nom?

R. Il faut que l'adjectif soit au masculin ou au féminin, au singulier ou au pluriel, suivant que le nom est masculin ou féminin, au singulier ou au pluriel. Ainsi, dans ces mots *un beau jardin*, l'adjectif *beau* est au singulier masculin, parce que le nom *jardin* est au singulier masculin. On dit *une belle rivière*, et non pas *un beau rivière*, parce que le nom *rivière* est au singulier féminin. Dans les mots *belles fleurs*, l'adjectif *belles* est au pluriel féminin, parce que *fleurs* est au pluriel féminin.

D. Comment se forme le féminin de l'adjectif?

R. Il se forme ordinairement en ajoutant un *e* muet à la fin, comme dans prudent, prudente; méchant, méchante; grand, grande; petit, petite; poli, polie; vrai, vraie.

D. Comment se forme le pluriel de l'adjectif?

R. Il se forme ordinairement comme dans les noms substantifs, en ajoutant *s* à la fin : grand, grands; grande, grandes; bon, bons; bonne, bonnes.

Il y a pour ces deux règles générales, des exceptions que l'usage apprendra. (Voyez les *Phrases graduées*.)

D. Qu'entend-on par *comparatif?*

R. C'est l'adjectif avec comparaison.

D. Comment s'exprime cette comparaison?

R. En ajoutant *plus* à l'adjectif, si l'on veut

Gram.   2.

dire qu'un objet est supérieur à un autre, comme, Pierre est *plus* studieux que Paul.

D. Qu'entend-on par *superlatif?*

R. C'est l'adjectif porté à un dégré suprême,

D. Comment s'exprime ce dégré suprême?

R. En ajoutant à l'adjectif *très*, *fort*, ou *le plus*, *la plus*, *les plus* : Pierre est *très* ou *fort* studieux; Pierre est *le plus* studieux de la classe; Sophie est *la plus* sage des petites filles; les enfans *les plus* instruits de Paris.

Nota. Quand l'élève sait ces trois chapitres, qu'il n'aille pas plus avant sans faire l'analyse de beaucoup de petites phrases qui contiennent des noms, des articles définis et indéfinis, et des adjectifs. (Voyez les *Phrases graduées.*)

QUATRIÈME ESPÈCE DE MOTS.

11. *Du Pronom , et de quelques adjectifs impro-prement appelés pronoms.*

D. Qu'est-ce que le pronom?

R. C'est un mot formé du latin, qui *signifie à la place du nom.* En effet les pronoms tiennent la place des noms. Ces sortes de mots sont souvent nécessaires pour éviter des répétitions de noms , qui rendraient le discours languissant et désagréable.

D. Expliquez ceci par un exemple.

R. Quand on dit : « Cet enfant a toutes les ver-» tus de son âge, et tous ceux qui *le* connaissent,

« *le* chérissent, et désirent *le* voir souvent », il y a
dans cette phrase un pronom *le*, qui empêche qu'on
ne répète trois fois *cet enfant*. Sans ce pronom,
on serait obigé de dire : «Tous ceux qui connaissent
« cet enfant, chérissent cet enfant, et désirent voir
souvent cet enfant », ce qui serait une manière
de parler désagréable.

D. Vous avez dit précédemment que *le* est un
article : pourquoi dites-vous ici que c'est un pronom ?

R. Il faut bien distinguer *le*, article, de *le*,
pronom. *Le*, article, se met devant les noms : *le*
soleil. *Le*, pronom, se met devant les verbes :
vous *le* chérissez, pour dire : vous chérissez *lui*.
Il en est de même de *la* féminin, et du pluriel
les : dans *la* lumière, *les* rayons, c'est l'article ;
dans vous *la* chérissez, vous *les* chérissez, c'est
le pronom ; pour dire : vous chérissez *elle*, vous
chérissez *eux* ou *elles*.

D. N'y a-t-il pas des pronoms de plusieurs espèces ?

R. Oui : les plus essentiels à connaître sont ceux
qu'on appelle *personnels*, *possessifs*, *démonstratifs*, *relatifs*, *interrogatifs* et *indéfinis*.

D. Quels sont les pronoms personnels ?

R. Ce sont ceux qui désignent des *personnes*,
tels que *je*, *moi* et *me*, pour la première personne
du singulier ; *tu*, *toi* et *te*, pour la seconde personne du singulier ; *soi* et *se*, *il*, *lui*, *elle*, *le*,
la, pour la troisième personne du singulier ; et

pour le pluriel , première personne , *nous* ; seconde personne , *vous* ; troisième personne , *ils* , *eux* , *elles* , *les* , *leur*.

D. Citez des phrases dans lesquelles il entre des pronoms personnels.

R. Dans cette petite phrase : *il se* loue , il y a deux pronoms personnels , *il* et *se*. Il y en a également deux dans cette autre : *je leur* donnerai , savoir, *je* et *leur* : *leur* est pour *à eux* ou *à elles*.

D. Ces pronoms remplacent-ils toujours des personnes ?

R. Plusieurs remplacent souvent des choses ; et dans ce cas, pour plus de justesse, il vaut mieux dire ce qu'ils remplacent. Ainsi , dans cette phrase, en parlant d'une maison : je l'ai habitée longtemps, analysez *la* en disant : *la* , pronom remplaçant *maison* , singulier féminin. Dites de même pour les pronoms invariables *y* et *en*. C'est une très bonne habitude de dire toujours le nom qu'un pronom remplace. On s'assure par là que c'est un véritable pronom.

D. Quels sont les pronoms ou adjectifs possessifs ?

R. Ce sont ceux qui marquent la *possession*, *mon* chapeau, *ma* plume, *mes* livres ; *ton* chapeau, *ta* plume, *tes* livres ; *son* chapeau, *sa* plume, *ses* livres ; *leur* maison, c'est-à-dire, la maison qui appartient à eux ou à elles ; *leurs* maisons, c'est-à-dire , les maisons qui appartiennent à eux ou à elles ; *le mien*, *la mienne*, *le tien*, etc. Ces pronoms et plusieurs des suivans sont de véritables adjectifs, et en suivent la règle.

D. Quels sont les pronoms démonstratifs ?

R. Ce sont ceux qui servent à indiquer, à *montrer* une personne ou une chose, comme : *celui* qui étudie, *celle* qui travaille, *ceux* qui étudient, *celles* qui travaillent; *celui-ci, celle-ci; ceux-ci, celles-ci; celui-là, celle-là ; ceux-là , celles-là ; ceci , celu. Ce , cet , cette , ces* , servent aussi à démontrer ; mais comme ils sont toujours joints à un nom , il faut les appeler *adjectifs démonstratifs.*

D. Quels sont les pronoms relatifs ?

R. Le mot *relatif* signifiant *qui se rapporte* , les pronoms relatifs sont ceux qui se rapportent à un nom précédent. Ce sont *lequel , laquelle, lesquels , lesquelles* , qui varient , comme on voit , suivant que le nom précédent est au masculin ou au féminin , au singulier ou au pluriel.

D. N'y a-t-il pas d'autres pronoms relatifs qui ne varient jamais ?

R. Oui : ces pronoms servent pour le masculin et le féminin , le singulier et le pluriel.

D. Quels sont ces pronoms ?

R. Ce sont *qui , que , dont , quoi.*

D. Citez des exemples.

R. L'homme, la femme *qui* se promène ; les hommes , les femmes *qui* se promènent ; l'enfant , les enfans *que* je chéris ; ma mère , mes sœurs *que* j'aime ; l'objet, les objets, l'affaire, les affaires, *dont* je m'occupe ; ce à *quoi* il faut s'appliquer.

D. Ces pronoms ne sont-ils pas de véritables *conjonctifs* ?

R. Oui , car ils servent à joindre une phrase à une autre. Cette dénomination adoptée par les meilleurs grammairiens modernes , leur convient beaucoup mieux que celle de *relatifs* , qui est vague , et peut s'appliquer à toutes les espèces de pronoms. Mettez dans la même classe *où* , appelé ordinairement adverbe , et qui est un véritable pronom conjonctif ; car il remplace un nom , en le joignant à une phrase ; comme *le lieu où* (dans lequel) *nous sommes.*

Quels sont les pronoms interrogatifs ?

R. Ce sont ceux qui servent à interroger. *Quel* est cet homme ? *Quelle* est cette femme ? *Quels* sont ces hommes ? *Quelles* sont ces femmes ? *Que* faites-vous ? On s'en sert aussi pour marquer la surprise , l'admiration , l'indignation. *Quel beau monument* ! *Quelle générosité* ! *Quelle horreur* ! ils sont alors *exclamatifs.* Quand ils sont joints à des noms , appelez-les , suivant les cas , *adjectifs interrogatifs* ou *exclamatif.*

Quels sont les pronoms indéfinis ?

R. Ce sont ceux qui expriment des objets non déterminés. Parmi ces pronoms, les uns ne sont jamais joints à un nom ; les autres en sont toujours accompagnés ; d'autres sont tantôt seuls , tantôt avec un nom ; d'autres enfin sont toujours suivis de *que.*

D. Citez les pronoms indéfinis qui ne sont jamais accompagnés d'un nom.

R. *On*, comme : on dit ; *quelqu'un, quelqu'une* : quelqu'un a parlé ; *quiconque* : quiconque agit de cette manière a tort ; *chacun* : chacun cherche le bonheur ; *autrui* : faites à autrui ce que vous voudriez qu'on vous fît ; *personne* : il ne faut nuire à personne ; *rien* : vous ne faites rien.

D. Pourquoi ces pronoms sont-ils appelés *indéfinis ?*.

R. Parce qu'ils expriment des personnes ou des choses, d'une manière générale, sans en désigner aucune en particulier.

D. Citez les pronoms indéfinis qui sont toujours joints à un nom.

R. *Quelque :* faites quelque chose ; *chaque :* instruisez-vous chaque jour ; *quelconque :* ne passez pas une journée sans un travail quelconque ; *certain :* j'ai reçu certains avis qui me donnent certaines inquiétudes. Dans ce cas, ce sont des adjectifs.

D. Citez des pronoms indéfinis qui sont tantôt seuls, tantôt joints à un nom.

R. *Nul, nulle, aucun, aucune, l'un, l'autre, tel, telle, plusieurs, tout, toute, tous, toutes.* Nul n'est parfait, nul homme n'est infaillible ; tel rit aujourd'hui, qui pleurera demain ; plusieurs vivent au-delà de cent ans ; plusieurs personnes sont vicieuses ; tous les hommes sont mortels ; tous finiront. Joints à un nom, ce sont des adjectifs. Seuls, ce sont des adjectifs pris comme noms.

D. Citez les pronoms indéfinis qui sont toujours suivis de *que*.

R. 1°. *Quelque*, invariable avec un adjectif. Quelque savans que soient certains hommes, ils n'en sont pas moins sujets à l'erreur. Dans ce cas, il signifie *quoique*, et est une véritable conjonction;

2°. *Quelque*, variable avec un nom. Quelques richesses que vous possédiez. Ici il est adjectif;

3°. *Quel*, variable, faisant un mot séparé de *que* qui le suit. Quel que soit votre mérite, quelle que soit votre science, quels que soient vos talens, quelles que soient vos richesses. Il est adjectif;

4°. *Qui*, qui que vous soyez;

5°. *Tout*, signifiant *quoique*, *entièrement*. Il est conjonction dans le premier sens, adverbe dans le second.

D. Quelles sont les règles sur la variabilité de ce dernier mot?

R. Il est invariable devant les adjectifs masculins. Les biens de la fortune, tout agréables qu'ils sont, ne font pas toujours le bonheur. Ces hommes sont tout vêtus de noir.

Il est également invariable devant les adjectifs féminins commençant par une voyelle ou une *h* muette. Cette dame, tout aimable qu'elle est. Ces dames sont tout interdites.

Il est variable devant les adjectifs féminins, commençant par une consonne, tant au singulier qu'au pluriel. Cette figure, toute belle qu'elle est, ne me plaît pas. Ces fêtes, toutes brillantes qu'elles sont, m'ennuient. Ces dames sont toutes (entièrement) pâles (1).

~~~~~~

CINQUIÈME ESPÈCE DE MOTS.

12. LE VERBE.

Demande. AVANT d'expliquer le Verbe, faites un résumé succinct des quatre espèces de mots que nous avons déjà vues.

Réponse. Ces quatre espèces sont : 1°. *le nom,* qui sert à nommer les personnes et les choses ; 2°. *l'article,* qui est un petit mot que l'on place devant les noms, et qui sert à faire distinguer s'ils sont au masculin ou au féminin, au singulier ou au pluriel ; 3°. *l'adjectif,* qui sert à marquer les qualités du nom ; 4°. *le pronom,* que l'on met à la place du nom, pour ne pas répéter trop souvent les mêmes noms. Il n'y a presque pas d'autre attention à avoir pour ces quatre espèces de mots, savoir : pour le

------

(1) Que l'élève ne passe pas au Verbe, sans bien connaître les quatre premières espèces de mots qui viennent d'être expliquées ; et pour cela, qu'il s'exerce à l'analyse de phrases qui contiennent ces espèces de mots. Voyez les *phrases graduées.*

nom, que d'observer le changement nécessité par le pluriel, et qui consiste ordinairement à ajouter *s*, comme *livre* au singulier, *livres* au pluriel; et pour les articles, les adjectifs et les pronoms adjectifs, il ne s'agit que de les mettre au singulier ou au pluriel, au masculin ou au féminin, suivant que les noms auxquels ces sortes de mots se rapportent, sont au singulier ou au pluriel, au masculin ou au féminin.

D. Puisque voilà quatre espèces de mots bien entendues, nous sommes presque à la moitié de la grammaire.

R. Oui, et nous serons bien avancés quand nous saurons le verbe; car c'est l'espèce de mots la plus difficile et la plus importante. Mais avec de l'attention et du courage, on parvient à connaître ce mot aussi bien que les autres.

D. Qu'est-ce que le verbe?

R. Le verbe, ainsi appelé du mot latin *verbum*, parce qu'en effet c'est le mot par excellence, avec lequel nous exprimons toutes nos pensées, est un mot dont on se sert pour exprimer ce que l'on est, ce que l'on fait, ce que l'on pense de quelqu'un ou de quelque chose. Ainsi, quand on dit: *Je suis malade*, *je travaille*, les mots *suis*, *travaille*, s'appellent *verbes*, parce qu'ils servent à exprimer ce que je suis ou ce que je fais.

D. Comment connaît-on un verbe en français?

R. Quand on peut ajouter les pronoms *je*, *tu*, *il* ou *elle*, *nous*, *vous*, *ils* ou *elles*, comme: *je* suis, *tu* es, *il* ou *elle* est, *nous* sommes, *vous* êtes, *ils* ou *elles* sont.

D. Qu'y a-t-il à distinguer dans les verbes ?

R. Quatre choses principales : les personnes, les nombres, les temps et les modes.

D. Combien y a-t-il de personnes dans les verbes ?

R. Il y en a trois : la première est celle qui parle ; elle est exprimée par le pronom *je* au singulier, *nous* au pluriel, comme quand on dit : *je* travaille, *nous* travaillons. La seconde est celle à qui l'on parle ; elle est exprimée par le pronom *tu* au singulier, *vous* au pluriel, comme quand on dit : *tu* travailles, *vous* travaillez. La troisième est celle de qui l'on parle ; elle est exprimée par le pronom *il* ou *elle* au singulier, *ils* ou *elles* au pluriel, comme quand on dit : *il* ou *elle* travaille ; *ils* ou *elles* travaillent.

D. Qu'est-ce que les nombres ?

R. Les nombres sont, comme dans les noms, le singulier et le pluriel ; le singulier, quand on parle d'une seule personne ou d'une seule chose, comme quand on dit : *je suis*, *tu es*, *il* ou *elle est* ; le pluriel quand on parle de plusieurs personnes ou de plusieurs choses, comme quand on dit : *nous sommes*, *vous êtes*, *ils* ou *elles sont*.

D. Combien y a-t-il de temps dans les verbes ?

R. Il y en a trois principaux, auxquels tous les autres se rapportent, savoir : le *présent*, qui marque que la chose est ou se fait actuellement, comme quand on dit : *je chante*, *tu chantes*, *il* ou *elle* chante ; nous *chantons*, *vous chantez*, *ils ou elles chantent*. Le *passé*, qui marque que la chose a été ou s'est faite, comme quand on dit : *j'ai chanté*, *tu as chanté*, *il* ou *elle a chanté*; *nous avons chanté*, *vous avez chanté*, *ils* ou *elles ont chanté*. Le *futur*, qui marque que la chose sera ou se fera, comme quand on dit : *je chanterai*, *tu chanteras*, *il* ou *elle chantera*; *nous chanterons*, *vous chanterez*, *ils* ou *elles chanteront*.

D. Qu'est-ce que les modes ?

R. Ce sont les différentes manières d'employer le verbe.

D. Combien y a-t-il de modes ?

R. Il y a cinq modes, ou manières d'employer le verbe dans la langue française (1) :

1°. L'*indicatif*, quand on *indique* qu'une chose est, a été, ou sera, comme quand on dit : *la vertu est aimable* ; il n'y a dans cette phrase qu'une simple proposition, qui *indique* que la vertu *est* aimable ;

2°. Le *conditionnel*, qui marque qu'une chose serait, ou qu'elle aurait été moyennant une condition, comme quand on dit : *tu* AURAIS *reçu une récompense*, SI *tu avais bien travaillé* ;

_____

(1) On ferait peut-être mieux de dire qu'il y a six modes ; car le participe est une modification du verbe. Mais nous conservons l'usage depuis longtemps adopté, de faire du participe une espèce de mots particulière.

3°. L'*impératif*, qui exprime le commandement, l'invitation, ou la prière : *fais ton devoir ; ayez la bonté de m'entendre ;*

4°. Le *subjonctif*, qui exprime que l'on souhaite, que l'on craint, que l'on doute, qu'il faut ou qu'il convient qu'une chose se fasse. Ce mode est ainsi appelé, parce qu'il est, pour ainsi dire, soumis à un autre verbe qui le précède, et avec lequel il est joint par la conjonction *que : il faut que j'*AILLE *demain à la campagne ; je désire que vous* SOYEZ *heureux ;*

5°. L'*infinitif*, qui exprime l'action ou l'état de la personne ou de la chose, sans nombre et sans personnes : *être, avoir, aimer, finir.*

D. Que faut-il savoir à l'égard des verbes ?

R. Il faut les savoir bien conjuguer, c'est-à-dire, les réciter avec tous leurs modes, leurs nombres, leurs temps et leurs personnes. Mais avant de conjuguer les verbes ordinaires, il faut savoir par cœur la conjugaison de deux verbes qu'on appelle *auxiliaires*, du mot latin *auxilium*, qui signifie *secours*, parce que tous les verbes se conjuguent avec le secours de ces deux verbes, qui sont *avoir* et *être*. Lorsqu'on sait conjuguer ces deux verbes, on sait bientôt conjuguer tous ceux de la Langue.

———

~~~~~~

VERBE AUXILIAIRE AVOIR,

INDICATIF.

PRÉSENT,

Sing. J'ai.

Tu as.

Il *ou* elle a.

Plur. Nous avons.

Vous avez.

Ils *ou* elles ont.

Temps qui expriment le passé.

IMPARFAIT.

J'avais (1).

Tu avais.

Il *ou* elle avait.

Nous avions.

Vous aviez.

Ils *ou* elles avaient.

PARFAIT DÉFINI.

J'eus.

Tu eus.

Il eut.

Nous eûmes.

Vous eûtes.

Ils eurent.

PARFAIT INDÉFINI (2).

J'ai eu.

Tu as eu.

Il a eu.

---

(1). On écrit aussi j'*avois*. Il est plus conforme à la prononciation d'écrire avec un *a*. Cependant il y a tant d'autorités pour et contre les deux manières d'écrire, qu'il faut attendre que l'Institut ait prononcé à cet égard dans le dictionnaire de la langue française, qu'il doit publier.

(2). On appelle parfait *défini*, celui qui marque un temps entièrement passé ; exemple : *j'eus hier la fièvre*. On appelle parfait *indéfini*, celui qui marque un temps dont il peut rester encore quelque partie à s'écouler ; exemple : *j'ai*

Nous avons eu.
Vous avez eu.
Ils ont eu.

PARFAIT ANTÉRIEUR.

J'eus eu.
Tu eus eu.
Il eut eu.
Nous eûmes eu.
Vous eûtes eu.
Ils eurent eu.

PLUS-QUE-PARFAIT.

J'avais eu.
Tu avais eu.
Il avait eu.
Nous avions eu.
Vous aviez eu.
Ils avaient eu.

Temps qui expriment le futur ou l'avenir.

FUTUR.

J'aurai.
Tu auras.
Il aura.
Nous aurons.
Vous aurez.
Ils auront.

FUTUR ANTÉRIEUR.

J'aurai eu.
Tu auras eu.
Il aura eu.
Nous aurons eu.
Vous aurez eu.
Ils auront eu.

CONDITIONNEL.

PRÉSENT.

J'aurais.
Tu aurais.
Il aurait.
Nous aurions.
Vous auriez.
Ils auraient.

PASSÉ.

J'aurais eu.
Tu aurais eu.
Il aurait eu.
Nous aurions eu.
Vous auriez eu.
Ils auraient eu.

On dit aussi : *j'eusse eu, tu eusses eu, il eût eu, nous eussions eu, vous eussiez eu, ils eussent eu.*

eu la fièvre aujourd'hui. On appelle parfait *antérieur*, celui qui marque une chose faite avant une autre; exemple : *Dès que nous eûmes fini nos affaires, nous partîmes.*

IMPÉRATIF.

Point de première per-
sonne.

Aye.

Qu'il ait.

Ayons.

Ayez.

Qu'ils ayent.

SUBJONCTIF.

PRÉSENT ou FUTUR (1).

Que j'aye.

Que tu ayes.

Qu'il ait.

Que nous ayons.

Que vous ayez.

Qu'ils ayent.

IMPARFAIT.

Que j'eusse.

Que tu eusses.

Qu'il eût.

Que nous eussions.

Que vous eussiez.

Qu'ils eussent.

PARFAIT.

Que j'aye eu.

Que tu ayes eu.

Qu'il ait eu.

Que nous ayons eu.

Que vous ayez eu.

Qu'ils ayent eu.

PLUS-QUE-PARFAIT.

Que j'eusse eu.

Que tu eusses eu.

Qu'il eût eu.

Que nous eussions eu.

Que vous eussiez eu.

Qu'ils eussent eu.

INFINITIF.

PRÉSENT.

Avoir.

PARFAIT.

Avoir eu.

PARTICIPES.

PRÉSENT.

Ayant.

PASSÉ.

Ayant eu (2).

(1). Ce temps sert pour le futur comme pour le présent :
il faut que j'aye, il faudra que j'aye.

(2). Le verbe *devoir*, dans certains cas , et particulière-
ment son participe , avec un autre verbe à l'infinitif,
servent en quelque sorte d'auxiliaires pour former un futur.
Ainsi *devant avoir* est un participe futur.

VERBE AUXILIAIRE ÈTRE.

INDICATIF.

PRÉSENT.

Je suis.
Tu es.
Il *ou* elle est.
Nous sommes.
Vous êtes.
Ils *ou* elles sont.

Temps qui expriment le passé.

— IMPARFAIT.

J'étais.
Tu étais.
Il *ou* elle était.
Nous étions.
Vous étiez.
Ils *ou* elles étaient.

Parfait défini.

Je fus.
Te fus.
Ii fut.
Nous fûmes.
Vous fûtes.
Ils furent.

Parfait indéfini.

J'ai été.
Tu as été.
Il a été.
Nous avons été.
Vous avez été.
Ils ont été.

Parfait antérieur.

J'eus été.
Tu eus été.
Il eut été.
Nous eûmes été.
Vous eûtes été.
Ils eurent été.

Plus−que−parfait.

J'avais été.
Tu avais été.
Il avait été.
Nous avions été.
Vous aviez été.
Ils avaient été.

Temps qui expriment le futur ou l'avenir.

FUTUR.

Je serai.
Tu seras.
Il sera.
Nous serons.
Vous serez.
Ils seront.

Futur antérieur.

J'aurai été.
Tu auras été.
Il aura été.
Nous aurons été.
Vous aurez été.
Ils auront été.

CONDITIONNEL.

Présent.

Je serais.
Tu serais.
Il serait.
Nous serions.
Vous seriez.
Ils seraient.

Passé.

J'aurais été.
Tu aurais été.
Il aurait été.
Nous aurions été.
Vous auriez été.
Ils auraient été.

On dit aussi : *j'eusse été, tu eusses été, il eût été, nous eussions été, vous eussiez été, ils eussent été.*

IMPÉRATIF.

Point de première personne.

Sois.
Qu'il soit.
Soyons.
Soyez.
Qu'ils soient.

SUBJONCTIF.

PRÉSENT.

Que je sois.
Que tu sois.
Qu'il soit.
Que nous soyons.
Que vous soyez.
Qu'ils soient.

Imparfait.

Que je fusse.
Que tu fusses.
Qu'il fût.
Que nous fussions.
Que vous fussiez.
Qu'ils fussent.

Parfait.

Que j'aye été.
Que tu ayes été.
Qu'il ait été.
Que nous ayons été.
Que vous ayez été.
Qu'ils aient été.

Plus-que-parfait.

Que j'eusse été.
Que tu eusses été.
Qu'il eût été.
Que nous eussions été.

Que vous eussiez été.
Qu'ils eussent été.

INFINITIF.

PRÉSENT.

Être.

PARFAIT.

Avoir été.

PARTICIPES.

PRÉSENT.

Étant.

Passé.

Ayant été.

D. Y a-t-il plusieurs manières de conjuguer les verbes ?

R. Quand on sait bien conjuguer un verbe, on les sait à peu près conjuguer tous. Cependant, pour n'hésiter dans la conjugaison d'aucun verbe français, il est nécessaire de savoir conjuguer quatre sortes de verbes, dont les infinitifs ont des terminaisons différentes. Ainsi tous les verbes français sont terminés à l'infinitif, ou en *er*, ou en *ir*, ou en *oir*, ou en *re*, comme *aimer*, *finir*, *recevoir*, *rendre*. Ces quatre terminaisons différentes occasionnent, dans la conjugaison de chacun de ces verbes, quelques différences que l'usage de les conjuguer apprendra aisément. En conjuguant un verbe sur chacune de ces quatre terminaisons, on apprend à les conjuguer tous, excepté quelques verbes appelés *irréguliers*.

PREMIERE CONJUGAISON.

VERBES TERMINÉS EN *ER*.

INDICATIF.

PRÉSENT.

J'aime.
Tu aimes.
Il *ou* elle aime.
Nous aimons.
Vous aimez.
Ils *ou* elles aiment.

Temps qui expriment le passé.

IMPARFAIT.

J'aimais.
Tu aimais.
Il *ou* elle aimait.
Nous aimions.
Vous aimiez.
Ils *ou* elles aimaient.

Parfait défini.

J'aimai.
Tu aimas.
Il aima.
Nous aimâmes.
Vous aimâtes.
Ils aimèrent.

Parfait indéfini.

J'ai aimé.
Tu as aimé.
Il a aimé.
Nous avons aimé.
Vous avez aimé.
Ils ont aimé.

Parfait antérieur.

J'eus aimé.
Tu eus aimé.
Il eut aimé.
Nous eûmes aimé.
vous eûtes aimé.
Ils eurent aimé.

Plus-que-parfait.

J'avais aimé.
Tu avais aimé.
Il avait aimé.
Nous avions aimé.
Vous aviez aimé.
Ils avaient aimé.

Temps qui expriment l'avenir.

FUTUR.

J'aimerai.
Tu aimeras.
Il aimera.
Nous aimerons.
Vous aimerez.
Ils aimeront.

Futur antérieur.

J'aurai aimé.
Tu auras aimé.
Il aura aimé.
Nous aurons aimé.
Vous aurez aimé.
Ils auront aimé.

CONDITIONNEL.

Présent.

J'aimerais.
Tu aimerais.
Il aimerait.
Nous aimerions.
Vous aimeriez.
Ils aimeraient.

Passé.

J'aurais aimé.
Tu aurais aimé.
Il aurait aimé.
Nous aurions aimé.
Vous auriez aimé.
Ils auraient aimé.

On dit aussi : *j'eusse aimé, tu eusses aimé, il eût aimé, nous eussions aimé, vous eussiez aimé, ils eussent aimé.*

IMPÉRATIF.

Point de première personne.

Aime.
Qu'il aime.
Aimons.
Aimez.
Qu'ils aiment.

SUBJONCTIF.

PRÉSENT *ou* FUTUR.

Que j'aime.
Que tu aimes.
Qu'il aime.
Que nous aimions.
Que vous aimiez.
Qu'ils aiment.

Imparfait.

Que j'aimasse.
Que tu aimasses.
Qu'il aimât.
Que nous aimassions.
Que vous aimassiez.
Qu'ils aimassent.

Parfait.

Que j'aye aimé.
Que tu ayes aimé.
Qu'il ait aimé.
Que nous ayons aimé.
Que vous ayez aimé.
Qu'ils aient aimé.

Plus-que-parfait.

Que j'eusse aimé.
Que tu eusses aimé.
Qu'il eût aimé.
Que nous eussions aimé.

Que vous eussiez aimé.
Qu'ils eussent aimé.

INFINITIF.

PRÉSENT.

Aimer.

PARFAIT.

Avoir aimé.

PARTICIPES.

PRÉSENT.

Aimant.

Passé.

Ayant aimé.

Ainsi se conjuguent les verbes *chanter*, *danser*, *manger*, *appeler*, et en général, ceux dont l'infinitif se termine en *er*.

SECONDE CONJUGAISON.

VERBES TERMINÉS EN *IR*.

INDICATIF.

PRÉSENT.

Je finis.
Tu finis.
Il finit.
Nous finissons.
Vous finissez.
Ils finissent.

Temps qui expriment le passé.

IMPARFAIT.

Je finissais.
Tu finissais.
Il finissait.
Nous finissions.

Vous finissiez.
Ils finissaient.
Parfait défini.
Je finis.
Tu finis.
Il finit.
Nous finîmes.
Vous finîtes.
Ils finirent.
Parfait indéfini.
J'ai fini.
Tu as fini.
Il a fini.
Nous avons fini.
Vous avez fini.
Ils ont fini.
Parfait antérieur.
J'eus fini.
Tu eus fini.
Il eut fini.
Nous eûmes fini.
Vous eûtes fini.
Ils eurent fini.
Plus-que-parfait.
J'avais fini.
Tu avais fini.
Il avait fini.
Nous avions fini.
Vous aviez fini.
Ils avaient fini.

Temps qui expriment l'avenir.
FUTUR.
Je finirai.
Tu finiras.
Il finira.
Nous finirons.
Vous finirez.
Ils finiront.
Futur antérieur.
J'aurai fini.
Tu auras fini.
Il aura fini.
Nous aurons fini.
Vous aurez fini.
Ils auront fini.
CONDITIONNEL.
Présent.
Je finirais.
Tu finirais.
Il finirait.
Nous finirions.
Vous finiriez.
Ils finiraient.
Passé.
J'aurais fini.
Tu aurais fini.
Il aurait fini.
Nous aurions fini.

Vous auriez fini.

Ils auraient fini.

On dit aussi : *j'eusse fini, tu eusses fini, il eût fini, nous eussions fini, vous eussiez fini, ils eussent fini.*

IMPÉRATIF.

Point de première personne.

Finis.

Qu'il finisse.

Finissons.

Finissez.

Qu'ils finissent.

SUBJONCTIF.

PRÉSENT *ou* FUTUR.

Que je finisse.

Que tu finisses.

Qu'il finisse.

Que nous finissions.

Que vous finissiez.

Qu'ils finissent.

Imparfait.

Que je finisse.

Que tu finisses.

Qu'il finît.

Que nous finissions.

Que vous finissiez.

Qu'ils finissent.

Parfait.

Que j'aye fini.

Que tu ayes fini.

Qu'il ait fini.

Que nous ayons fini.

Que vous ayez fini.

Qu'ils ayent fini.

Plusque-parfait.

Que j'eusse fini.

Que tu eusses fini.

Qu'il eût fini.

Que nous eussions fini.

Que vous eussiez fini.

Qu'ils eussent fini.

INFINITIF.

PRÉSENT.

Finir.

Parfait.

Avoir fini.

PARTICIPES.

PRÉSENT.

Finissant.

Passé.

Ayant fini.

Ainsi se conjuguent *avertir, guérir, chérir,* etc.

TROISIEME CONJUGAISON.

VERBES TERMINÉS EN *OIR.*

INDICATIF.

PRÉSENT.

Je reçois.
Tu reçois.
Il reçoit.
Nous recevons.
Vous recevez.
Ils reçoivent.

Temps qui expriment le passé.

IMPARFAIT.

Je recevais.
Tu recevais.
Il recevait.
Nous recevions.
Vous receviez.
Ils recevaient.

Parfait défini.

Je reçus.
Tu reçus.
Il reçut.
Nous reçûmes.
Vous reçûtes.
Ils reçurent.

Parfait indéfini.

J'ai reçu.
Tu as reçu.
Il a reçu.
Nous avons reçu.
Vous avez reçu.
Ils ont reçu.

Parfait antérieur.

J'eus reçu.
Tu eus reçu.
Il eut reçu.
Nous eûmes reçu.
Vous eûtes reçu.
Ils eurent reçu.

Plusque-parfait.

J'avais reçu.
Tu avais reçu.
Il avait reçu.
Nous avions reçu.
Vous aviez reçu.
Ils avaient reçu.

Temps qui expriment l'avenir.

Gramm. 4

PUTUR.

Je recevrai.
Tu recevras.
Il recevra.
Nous recevrons.
Vous recevrez.
Ils recevront.

Futur antérieur.

J'aurai reçu.
Tu auras reçu.
Il aura reçu.
Nous aurons reçu.
Vous aurez reçu.
Ils auront reçu.

CONDITIONNEL.

Présent,

Je recevrais.
Tu recevrais.
Il recevrait.
Nous recevrions.
Vous recevriez.
Ils recevraient.

Passé.

J'aurais reçu.
Tu aurais reçu.
Il aurait reçu.
Nous aurions reçu.
Vous auriez reçu.
Ils auraient reçu.

On dit aussi : *j'eusse reçu, tu eusses reçu, il eût reçu ; nous eussions reçu, vous eussiez reçu, ils eussent reçu.*

IMPÉRATIF.

Point de première personne.

Reçois.
Qu'il reçoive.
Recevons.
Recevez.
Qu'ils reçoivent.

SUBJONCTIF.

PRÉSENT *ou* FUTUR.

Que je reçoive.
Que tu reçoives.
Qu'il reçoive.
Que nous recevions.
Que vous receviez.
Qu'ils reçoivent.

Imparfait.

Que je reçusse.
Que tu reçusses.
Qu'il reçût.
Que nous reçussions.
Que vous reçussiez.
Qu'ils reçussent.

Parfait.

Que j'aye reçu.
Que tu ayes reçu.
Qu'il ait reçu.
Que nous ayons reçu.
Que vous ayez reçu.
Qu'ils ayent reçu.

Plusque-parfait.

Que j'eusse reçu.
Que tu eusses reçu.
Qu'il eût reçu.
Que nous eussions reçu.

Que vous eussiez reçu.
Qu'ils eussent reçu.

INFINITIF.

PRÉSENT.

Recevoir.

Parfait.

Avoir reçu.

PARTICIPES.

PRÉSENT.

Recevant.

Passé.

Ayant reçu.

Ainsi se conjuguent *apercevoir, concevoir, de-*
voir, percevoir, etc.

QUATRIEME CONJUGAISON.

VERBES TERMINÉS EN *RE.*

INDICATIF.	IMPARFAIT.
PRÉSENT.	Je rendais.
Je rends.	Tu rendais.
Tu rends.	Il rendait.
Il rend.	Nous rendions.
Nous rendons.	Vous rendiez.
Vous rendez.	Ils rendaient.
Ils rendent.	*Parfait défini.*
Temps qui expriment	Je rendis.
le passé.	Tu rendis.

Il rendit.

Nous rendîmes.

Vous rendîtes.

Ils rendirent.

Parfait indéfini.

J'ai rendu.

Tu as rendu.

Il a rendu.

Nous avons rendu.

Vous avez rendu.

Ils ont rendu.

Parfait antérieur.

J'eus rendu..

Tu eus rendu.

Il eut rendu.

Nous eûmes rendu.

Vous eûtes rendu.

Ils eurent rendu.

Plusque-parfait.

J'avais rendu.

Tu avais rendu.

Il avait rendu.

Nous avions rendu.

Vous aviez rendu.

Ils avaient rendu.

Temps qui expriment l'avenir.

FUTUR.

Je rendrai.

Tu rendras.

Il rendra.

Nous rendrons.

Vous rendrez.

Ils rendront.

Futur antérieur.

J'aurai rendu.

Tu auras rendu.

Il aura rendu.

Nous aurons rendu.

Vous aurez rendu.

Ils auront rendu.

CONDITIONNEL.

Présent.

Je rendrais.

Tu rendrais.

Il rendrait.

Nous rendrions.

Vous rendriez.

Ils rendraient.

Passé.

J'aurais rendu.

Tu aurais rendu.

Il aurait rendu.

Nous aurions rendu.

Vous auriez rendu.

Ils auraient rendu.

On dit aussi : *j'eusse rendu, tu eusses rendu, il eût rendu ; nous eussions rendu , vous eussiez rendu , ils eussent rendu.*

IMPÉRATIF.

Point de première personne.

Rends.
Qu'il rende.
Rendons.
Rendez.
Qu'ils rendent.

SUBJONCTIF.

PRÉSENT *ou* FUTUR.

Que je rende.
Que tu rendes.
Qu'il rende.
Que nous rendions.
Que vous rendiez.
Qu'ils rendent.

Imparfait.

Que je rendisse.
Que tu rendisses.
Qu'il rendît.
Que nous rendissions.
Que vous rendissiez.
Qu'ils rendissent.

Parfait.

Que j'aye rendu.
Que tu ayes rendu.
Qu'il ait rendu.
Que nous ayons rendu.
Que vous ayez rendu.
Qu'ils ayent rendu.

Plusque-parfait.

Que j'eusse rendu.
Que tu eusses rendu.
Qu'il eût rendu.
Que nous eussions rendu.
Que vous eussiez rendu.
Qu'ils eussent rendu.

INFINITIF.

PRÉSENT.

Rendre.

Parfait.

Avoir rendu.

PARTICIPES.

PRÉSENT.

Rendant.

Passé.

Ayant rendu.

Ainsi se conjuguent *attendre, entendre, répondre, vendre,* etc.

13. DES SUJETS ET DES RÉGIMES DES VERBES.

D. Qu'entend-on par le *sujet* d'un verbe ?

R. C'est le mot qui indique ce qui est, ou ce qui fait la chose exprimée par ce verbe.

D. Expliquez ceci par des exemples.

R. Dans ces phrases : je danse, nous dansons, elle est couchée, tu dormiras, vous partirez, Pierre étudie; les mots *je*, *nous*, *elle*, *tu*, *vous*, *Pierre*, sont les sujets, parce qu'ils indiquent les personnes qui dansent, qui sont couchées, qui dormiront, qui partiront, qui étudient.

D. Qu'entend-on par *régime* d'un verbe (1) ?

R. C'est la personne ou la chose sur laquelle tombe l'action du verbe.

D. Expliquez ceci par des exemples.

R. Dans ces phrases : j'aime les livres, Pierre frappe Paul, le feu brûle ma main, les mots *livres*, *Paul*, *main*, sont régimes des verbes *aime*, *frappe*, *brûle*.

D. Quels sont les sujets dans ces phrases ?

R. Ce sont les mots *je*, *Pierre*, *feu*. On voit par ces exemples que le sujet est la personne ou la chose qui est ou qui agit; et le régime, la personne ou la chose sur laquelle on agit.

_____

(1) On trouve dans quelques grammairiens le mot *régime* remplacé par celui de *complément*.

D. N'y a-t-il pas une manière sûre de connaître le sujet et le régime, en se faisant à soi-même des questions.

R. Oui : la réponse à la question *qui est-ce qui ?* indique le sujet ; et la réponse à la question *qu'est-ce que ?* indique le régime.

D. Expliquez ceci par un exemple.

R. Dans cette phrase : *Pierre bat Paul*; si je demande *qui est-ce qui bat ?* je répondrai : c'est Pierre. *Pierre* est donc le *sujet. Qu'est-ce que Pierre bat ?* c'est Paul. *Paul* est donc le *régime.*

D. Ne distingue-t-on pas plusieurs espèces de régimes ?

R. On en distingue deux , le *régime direct* et le *régime indirect.*

D. Comment reconnaît-on le régime direct ?

R. Quand on fait la demande et la réponse sans secours d'une préposition. Exemple : *Vous donnez l'aumône.* On demande : *qu'est-ce que* vous donnez ? On répond : *L'aumône.* Vous voyez que la demande et la réponse se font sans employer de préposition.

D. comment reconnaît-on le régime indirect ?

R. Quand on fait la demande et la réponse en employant une des deux prépositions *de* ou *à.* Exemple : *Vous donnez à Pierre.* On demande : *A qui* donnez-vous : On répond : *A Pierre..*

14. DES DIFFÉRENTES ESPÈCES DE VERBES.

D. A présent que nous connaissons le sujet et le régime d'un verbe, nous comprendrons mieux la distinction des différentes espèces de verbes. Combien y a-t-il d'espèces de verbes ?

R. Cinq : les verbes *actifs*, les verbes *passifs*, les verbes *neutres*, les verbes *pronominaux*, et les verbes *impersonnels*.

D. Qu'est-ce qu'un verbe *actif*?

R. C'est celui qui exprime une action que fait le sujet sur son régime ; comme dans cette phrase : *Pierre bat Paul* ; le verbe *battre* est *actif*, il exprime l'action que fait Pierre sur Paul. On peut toujours mettre après un verbe actif, *quelqu'un* ou *quelque chose*.

D. Qu'est-ce qu'un verbe *passif*?

R. C'est celui qui exprime une action soufferte ou reçue par le sujet, comme dans cette phrase : *Paul est battu par Pierre ;* le verbe *être battu* est passif, il exprime l'action soufferte par Paul. On peut toujours mettre après un verbe passif, *par quelqu'un* ou *par quelque chose*.

D. Qu'est-ce qu'un verbe *neutre* (1) ?

_____

(1) Quelques grammairiens appellent les verbes neutres, *intransitifs*, parce que l'action de ces verbes ne passe pas

R. C'est celui qui a par lui-même un sens fini, sans qu'on puisse mettre après, *quelqu'un* ou *quelque chose*. Ainsi les phrases: *je dors, elle marche, elle est tombée*, offrent un sens achevé, et l'on ne peut pas mettre après de régime direct.

D. Qu'est-ce qu'un verbe *pronominal?*

R. Un verbe *pronominal* (1) est celui dont le régime, qui est un pronom, est la même personne ou la même chose que le sujet.

D. Expliquez ceci par des exemples.

R. *Je me promène, elle se flatte, nous nous tourmentons:* les verbes *promener, flatter, tourmenter*, sont employés pronominalement, parce que les sujets et les régimes *je me, elle se, nous nous*, sont les mêmes personnes.

D. Qu'est-ce qu'un verbe *impersonnel?*

R. C'est celui qui n'a dans chaque temps que la troisième personne du singulier; tels sont les verbes *pleuvoir, neiger, tonner, falloir:* on ne les con-

---

sur un autre objet; ils désignent les verbes impersonnels sous le nom de *monopersonnels*, parce que ces verbes n'ont qu'une personne. Ces dénominations peuvent être bonnes; mais le changement de nomenclature dans une science dont les principes ne sont pas à changer, est généralement inutile, et quelquefois dangereux. En voulant simplifier, on surcharge l'attention des élèves; car ils sont obligés de connaître une double nomenclature, au lieu d'une.

(1) Pour ne point fatiguer les commençans, il vaut mieux d'abord rapporter à cette dénomination générale de *pronominaux*, les verbes tant réfléchis que réciproques.

jugue qu'à la troisième personne. *Il pleut, il neige, il tonne, il faut.*

Il y a des verbes ordinaires qui s'emploient quelquefois impersonnellement, comme *arriver, convenir : il arrive, il convient.*

---

15. *De la conjugaison des différentes espèces de Verbes.*

D. Comment se conjuguent les verbes actifs ?

R. Comme les verbes *aimer, finir, recevoir, rendre,* dont nous avons donné le modèle, et qui sont eux-mêmes des verbes actifs.

D. Comment se conjuguent les verbes passifs ?

R. Comme le verbe *être,* en ajoutant le participe passé passif du verbe à conjuguer.

Si donc l'on veut conjuguer le passif du verbe *aimer,* on dira :

INDICATIF.

Présent : je suis aimé, etc. (1).

Imparfait : j'étais aimé, etc.

Prétérit défini : je fus aimé, etc.

Prétérit indéfini : j'ai été aimé, etc.

Prétérit antérieur : j'eus été aimé, etc.

Plusque-parfait : j'avais été aimé, etc.

Futur : je serai aimé, etc.

Futur passé : j'aurai été aimé, etc.

---

(1) Il faut, pour exercer les élèves, leur faire conjuguer les temps entiers.

CONDITIONNEL.

Présent : je serais aimé, etc.
Passé : j'aurais été, ou j'eusse été aimé, etc.

IMPÉRATIF.

Sois aimé, etc.

SUBJONCTIF.

Présent : que je sois aimé, etc.
Imparfait : que je fusse aimé, etc.
Prétérit : que j'aye été aimé, etc.
Plusque-parfait : que j'eusse été aimé, etc.

INFINITIF.

Présent : être aimé.
Parfait : avoir été aimé.

PARTICIPES.

Présent : étant aimé.
Passé : ayant été aimé.
Futur : devant être aimé.
Pour le verbe *finir* : je suis fini, etc.
Pour le verbe *recevoir* : je suis reçu, etc.
Pour le verbe *rendre* : je suis rendu, etc.

D. Quelle attention y a-t-il à avoir pour ces verbes passifs ?

R. Que les participes passifs étant des adjectifs, en suivent la règle ; que par conséquent, si le nom auquel ils se rapportent est féminin, il faut ajouter un *e* muet, et s'il est au pluriel, il faut ajouter une *s*. Ainsi il faut dire : *il est aimé, il est fini; elle est aimée, elle est finie ; ils sont aimés, ils sont finis ; elles sont aimées, elles sont finies.*

Même observation pour les temps composés des verbes neutres conjugués avec *être.* (Voy. n°. 16.)

D. Comment se conjuguent les verbes neutres ?

R. Comme les verbes actifs, à l'exception que plusieurs, tels que *tomber, arriver, mourir,* se conjuguent dans leurs temps composés, comme les verbes passifs, c'est-à-dire, avec le verbe auxiliaire *être,* au lieu du verbe *avoir.*

D. Qu'entendez-vous par *temps composés ?*

R. Ce sont les temps dans lesquels il entre un verbe auxiliaire, tandis que les temps *simples* sont ceux dans lesquels il n'y a qu'un verbe. Ainsi l'imparfait indicatif *j'aimais* est un temps *simple;* le prétérit indéfini *j'ai aimé,* est un temps *composé.*

16. CONJUGAISON

d'un verbe neutre avec auxiliaire être.

INDICATIF.

Présent : je tombe.

Imparfait : je tombais.

Parfait défini : je tombai.

Indéfini : je suis tomb é *ou* ée.

Antérieur : je fus tomb é *ou* ée.

Plusque p. : j'étais tomb é *ou* ée.

Futur : je tomberai.

Fut. antér. : je serai tomb é *ou* ées.

CONDITIONNEL.

Présent : je tomberais.

Passé : je serais tomb é *ou* ée.

IMPÉRATIF.

Tombe.

SUBJONCTIF.

Présent : que je tombe.

Imparfait : que je tombasse.

Parfait : que je sois tomb é *ou* ée.

Plusque p. : que je fusse tomb é *ou* ée.

INFINITIF.

Présent : tomber.

Passé : être tomb é , ée , és , ées.

PARTICIPES.

Présent : tombant.

Passé : étant tomb é , ée , és , ées.

Futur : devant tomber.

D. Quels sont les principaux verbes neutres qui se conjuguent dans leurs temps composés avec le verbe *être* , au lieu du verbe *avoir?*

R. Ce sont, *aller, arriver, déchoir, décéder, entrer, sortir, mourir, naître, partir, rester, descendre, monter, passer, venir;* et la plupart de ses composés, *devenir, survenir, revenir, parvenir,* etc.

D. Comment se conjuguent les verbes pronominaux?

R. Comme les verbes actifs aux temps simples, et comme les verbes passifs aux temps composés, c'est-à-dire , avec le verbe *être,* au lieu du verbe *avoir.*

Gram.   5

Ainsi l'on dit, *je me promène*, et *je me suis promené*, au lieu de *je m'ai promené*.

Nota. Conjuguez *je me promène* comme *je tombe*.

D. Comment se conjuguent les verbes impersonnels ?

R. Comme les verbes actifs ; mais ils n'ont que la troisième personne du singulier (1) : il faut, il fallait, il fallut, il a fallu, etc.

SIXIÈME ESPÈCE DE MOTS.

17. LE PARTICIPE.

Demande. Qu'est-ce que le participe ?

Réponse. C'est un mot ainsi appelé, parce qu'il

---

(1) Je ne parle pas des verbes irréguliers. On les fera apprendre aux élèves, quand ils sauront bien les élémens contenus dans ce petit livre. Voyez les *phrases graduées*, qui contiennent des exercices sur la conjugaison des différentes sortes de verbes.

On ne saurait faire conjuguer trop de verbes aux commençans ; on doit les y exercer, même avant de leur faire apprendre la grammaire. Dans une classe, les élèves doivent réciter chaque jour, suivant leurs forces, des verbes réguliers actifs, passifs, neutres et pronominaux, et des verbes irréguliers et défectifs. La nécessité de cet exercice, que l'expérience m'a démontrée, m'a déterminé à faire un traité particulier sur les verbes français ; consultez le, il contient une infinité de verbes.

participe du verbe et de l'adjectif, comme *aimant*, *aimé*.

D. Vous avez placé les participes dans la conjugaison des verbes ; pourquoi donc en faites-vous un chapitre particulier ?

R. Il est vrai que le participe n'est pas autre chose qu'une modification du verbe : cependant les Grammairiens en font une espèce particulière de mots, à cause des difficultés qu'il présente.

D. Le participe présent varie-t-il ?

R. Il ne varie pas, à quelque genre et à quelque nombre que soit le nom auquel il se rapporte. Ainsi l'on dit : *un homme lisant, des hommes lisant, une femme lisant, des femmes lisant*, et non pas *une femme lisante, des femmes lisantes*. Dans cas exemples, *lisant* n'est point adjectif ; il est participe, faisant fonction de verbe.

D. N'y a-t-il pas des adjectifs qui viennent des verbes, et qui ressemblent à des participes présens ?

R. Oui, et il faut éviter de prendre ces sortes d'adjectifs pour des participes. Ainsi l'on dit, *un homme obligeant, une femme obligeante*. Comme on voit, le mot *obligeant* est un adjectif, et par conséquent il s'accorde en genre et en nombre avec le nom auquel il se rapporte.

D. Ces sortes de mots ne peuvent-ils pas aussi être de vrais participes ?

R. Oui : c'est lorsqu'ils ont un régime, comme quand on dit : *cette femme est d'un bon carac-*

tère , *obligeant ses semblables toutes les fois
qu'elle le peut.* Dans ce cas, le mot *obligeant* n'est
plus adjectif, mais participe, faisant fonction de
verbe, étant accompagné du régime *ses semblables*,
et dès lors il n'est plus susceptible de varier. (Voyez
l'analyse du second degré.)

18. D. Quelle est la règle à suivre pour le participe
passé, seul, ou avec le verbe *être* ?

R. Celle des adjectifs ; car le participe passé est
en véritable adjectif, et par conséquent il s'accorde
en genre et en nombre avec le nom auquel il se
rapporte. Ainsi l'on dit : *un enfant chéri, des enfans chéris ; une fille chérie, des filles chéries ; il
est aimé, tombé ; elle est aimée, tombée ; ils sont
aimés, tombés ; elles sont aimées, tombées.*

19. *Règle qui mérite attention.*

D. Quand le participe passé est avec le verbe
avoir, c'est-à-dire, quand on a un temps composé
à l'actif, ce participe passé varie-t-il ?

R. Il ne varie pas, si le régime direct est après
le verbe, comme dans ces phrases : il a *chéri*, elle
a *chéri* son fils, sa fille, ses fils, ses filles ; ils ont
chéri, elles ont *chéri* leur fils, leur fille, leurs fils,
leurs filles.

D. Et si le régime direct est avant le verbe ?

R. Dans ce cas, le participe varie, et s'accorde en
genre et en nombre avec ce régime.

D. Citez des exemples.

R. Quoiqu'on dise : *j'ai écrit une lettre, des*

lettres , parce que le régime direct est après le verbe , il faut dire : *la lettre que j'ai écrite , les les lettres que j'ai écrites* , parce que le régime *que*, qui dans la première phrase est pour *laquelle*, et dans la seconde pour *lesquelles* , est avant le verbe. De même , quoiqu'on dise : *j'ai entrepris une bonne affaire , j'ai entrepris de bonnes affaires , tu as reçu une récompense , tu as reçu des récompenses*, il faut dire : *l'affaire que j'ai entreprise , les affaires que j'ai entreprises ; quelle récompense as-tu reçue ? quelles récompenses as-tu reçues* (1)?

SEPTIÈME, HUITIÈME, NEUVIÈME ET DIXIÈME ESPÈCES DE MOTS.

20. *La Préposition , l'Adverbe , la Conjonction et l'Interjection.*

Demande. QUELLES sont les autres espèces de mots qui entrent dans la Langue française ?

Réponse. Il en reste quatre, que j'expliquerai dans un même chapitre , parce que ces quatre espèces de mots ne sont pas susceptibles de changer , comme les noms , qui varient suivant les nombres ;

---

(1) Il y a à la fin du livre au chapitre de l'*Orthographe,* plus de détails , sur lesquels on exercera les élèves en raison de leurs forces. Voyez de plus l'*analyse du second dégré,* qui contient plus de 600 phrases d'exercices sur les participes.

comme les articles, les adjectifs, les pronoms et les
participes adjectifs, qui varient suivant les nombres et les genres; et enfin comme les verbes, qui
varient suivant les différentes terminaisons de leurs
infinitifs, suivant les modes, les temps, les nombres et les personnes.

D. Comment appelle-t-on ces quatre espèces de
mots, qui ne doivent pas être difficiles à apprendre, puisqu'elles ne changent jamais?

R. On les appelle *prépositions, adverbes, conjonctions, interjections.*

21. D. Qu'est-ce que les prépositions?

R. Ce sont des mots qui marquent les rapports
des personnes ou des choses entr'elles. Ils sont suivis
d'un nom ou d'un pronom, comme ces mots: *dans,
avec, après, pour,* etc. *je suis* dans *la maison;
je me promène* avec *mon frère; on peut jouer*
après *le travail; j'ai une lettre* pour *toi.* Ces mots
sont appelés *prépositions,* de deux mots latins qui
signifient *mettre avant,* parce qu'ils se mettent
avant un nom, un pronom ou un verbe.

22. D. Qu'est-ce que les adverbes?

R. Ce sont des mots qui se joignent à des verbes
ou à des adjectifs, pour en augmenter ou diminuer
la signification. Ainsi quand je dis: *j'écoute atten-
tivement,* cela signifie non seulement que j'écoute,
mais aussi de quelle manière j'écoute: ces mots
s'appellent *adverbes,* du mot *verbe,* et du mot latin
ad, qui signifie *à côté,* parce que ces sortes de
mots se placent ordinairement à côté des verbes.

D. Comment distingue-t-on un adverbe d'une préposition?

R. Le sens est complet avec un adverbe, sans ajouter un nom ou un pronom. La phrase *il marche lentement* offre un sens achevé. Il n'en est pas de même de la phrase *il se promène dans*. La préposition *dans* veut un nom pour compléter le sens, comme *le jardin*, ou autre : *il se promène dans le jardin, dans le bois*, etc.

D. Ne trouve-t-on pas quelquefois plusieurs prépositions de suite?

R. Oui, et dans ce cas, on les regarde comme n'en faisant qu'une. Les phrases suivantes en offrent des exemples : je viens *de chez* vous. Je sortais *d'avec* lui, *d'auprès de* lui.

D. Qu'est-ce que les adverbes composés, ou locutions adverbiales?

R. Ce sont plusieurs mots qui ont le sens d'un adverbe, comme *en vain, en-deçà, au-delà, peu-à-peu*, etc.

D. N'y a-t-il pas des prépositions qui avec de légers changemens, deviennent adverbes?

R. Oui, tel que *dans*, préposition, *dedans*, adverbe; *sur, sous*, prépositions, *dessus, dessous*, adverbes.

D. Peut-on employer ces mots indifféremment l'un pour l'autre?

R. Ce serait une faute de français de dire : dedans la chambre, dessus ou dessous la table.

23. D. Qu'est-ce que les conjonctions?

R. Ce sont des mots qui signifient en latin *joindre avec*, parce qu'en effet ils servent à joindre une phrase avec une autre phrase, ou plusieurs mots ensemble.

D. Qu'est-ce qu'une phrase?

R. Quand plusieurs mots réunis forment un sens, cela s'appelle *phrase* ou *proposition*. La moindre phrase a deux mots au moins, savoir le nom ou le pronom, et le verbe, comme *je chante*, *Pierre chante*. Souvent le verbe est accompagné d'un régime, comme *je chante un air*, *je les aime*.

Les conjonctions servent, comme je l'ai dit, à lier plusieurs phrases ensemble. Ainsi, dans ces deux phrases : *Pierre chante, et il danse en même temps*, le mot *et* est une conjonction qui lie la première phrase, *Pierre chante*, avec la seconde phrase, *il danse en même temps*. Il y a beaucoup de conjonctions, telles que *ni*, *mais*, *ou*, *car*, *afin que*, *parce que*, *or*, *donc*, *quand*, *lorsque*, *comme*, etc. La conjonction la plus ordinaire est *que*, qu'il faut distinguer du *que* pronom, qui s'emploie pour *lequel*, *laquelle*, *lesquels*, *lesquelles*. Dans cette phrase : *on croit que j'aime*, *que* est conjonction ; il lie la phrase *on croit* avec la phrase *j'aime* ; au lieu qu'il est pronom dans les phrases suivantes : *l'enfant que j'aime*, pour *lequel j'aime* ; *les enfans que j'aime*, pour *lesquels j'aime*.

D. Qu'est-ce que les conjonctions composées, ou locutions conjonctives ?

R. Ce sont plusieurs mots qui ont le sens d'une

conjonction, comme *aussitôt que*, *dès que*, *afin que*, *pour que*, *pourvu que*, *si ce n'est que*, etc.

24. D. Qu'est-ce que les interjections?

R. Ce sont des mots qui expriment les mouvemens de l'ame, comme la joie, la douleur, la crainte, etc. Pour exprimer la joie : *ah ! bon !* la douleur : *ah ! aye ! hélas !* la crainte : *oh ! hé !* l'aversion : *fi ! fi donc !* l'admiration : *oh !* pour encourager : *allons, courage !* pour appeler : *hola ! hé !* pour imposer silence : *chut ! paix !*

Il y a des interjections composées, ou locutions interjectives, c'est-à-dire, plusieurs mots qui ont le sens de l'interjection, comme : *ô ciel ! bon Dieu, hé bien*, etc.

Nota. L'élève ne sait encore presque rien, quand il a appris ces chapitres par cœur. Il faut qu'il se les rende familiers par beaucoup de pratique, et pour cela, qu'il s'exerce sur des phrases, et qu'il se rende compte de l'espèce de chacun des mots qui entrent dans ces phrases, ce qu'on appelle *faire les parties du discours*. Voyez les *phrases graduées*.

~~~~~~

25. PARTICULES.

Dem. Qu'est-ce que les particules ?

Réponse. Ce sont de petits mots, dont la plupart se rangent dans la classe des adverbes, des conjonctions et des interjections. Ainsi l'on ne doit pas les regarder comme une espèce de mots particulière.

Cependant il en est quelques-unes qui n'ont pas d'autre usage que d'arrondir ou fortifier un mot, ou de rendre la prononciation plus douce.

Ces particules sont, 1°. *l'* devant *on*. *Ainsi l'on doit*, pour *ainsi on*, qui serait trop dur ; 2°. *t* dans certains cas : *viendra-t-il*, pour *viendra-il* ; 3°. *ci*, *là*, *ça*, *da*, *sus* ; *celui-ci*, *celui-là*, *ah ça*, *oui da*, *or sus* ; 4°. *pas*, *point*, *plus* (qu'il ne faut pas confondre avec l'adverbe de quantité) qui complètent le sens de *ne* ; *ne faites pas cela. Vous n'auriez plus été le maître chez vous.*

26. DE L'ORTHOGRAPHE.

Dem. Qu'est-ce que l'orthographe ?

Rép. C'est la manière d'écrire correctement les mots d'une Langue.

D. Qu'est-ce qu'écrire correctement ?

R. C'est écrire les mots suivant les principes de la Grammaire, et suivant l'usage généralement adopté.

D. Comment peut on apprendre l'orthographe des mots quand les règles de la Grammaire ne l'apprennent pas ?

R. C'est par l'usage des dictionnaires, et encore plus par l'habitude de lire avec attention de bons livres, et de copier sur les ouvrages imprimés, ou sur les écrits des personnes qui savent bien l'orthographe.

D. Outre ces deux manières générales d'apprendre l'orthographe, n'y a-t-il pas encore quelques règles particulières?

R. Oui, il y a quelques règles particulières que j'expliquerai en peu de mots, pour les noms, les verbes, les participes, les pronoms, et autres.

27. D. Quelle règle faut-il suivre pour l'orthographe des noms?

R. Nous avons vu, au chapitre qui traite du nom, qu'il y a des *noms propres*, et des *noms communs*. On doit écrire par une *capitale* la première lettre des noms propres, comme *Caton*, *Europe*, *France*, *Paris*, etc.

28. D. Quelles sont les règles à suivre pour l'orthographe des *verbes*?

R. Elles varient suivant les modes et les temps.

D. Quelles sont les règles pour le *présent de l'indicatif*?

R. Si la première personne du singulier finit par *e*, *j'aime*, *j'ouvre*, etc., on ajoute *s* à la seconde; la troisième est semblable à la première. Exemple: *j'aime*, *tu aimes*, *il aime*.

Si elle finit par *s* ou *x*, la seconde est semblable à la première; la troisième finit ordinairement en *t*: *je finis*, *tu finis*, *il finit*. (Dans les verbes qui ont l'infinitif en *endre*, la troisième personne se termine en *d*: il *rend*, il *vend*, il *prétend*.)

D. Quelles sont les règles pour le pluriel?

R. Il se termine toujours par *ons*, *ez*, *ent*:

*nous aimons, vous aimez, ils aiment ; nous finis-
sons, vous finissez, ils finissent.*

D. Quelles sont les règles pour l'*imparfait de
l'indicatif?*

R. Il se termine toujours de cette manière : *ais,
ais, ait, ions, iez, aient : j'aimais, tu aimais,
il aimait; nous aimions, vous aimiez, ils aimaient.*

D. Quelles sont les règles pour le *prétérit défini
de l'indicatif?*

R. Il a quatre terminaisons : *ai, is, us, ins :
j'aimai, tu aimas, il aima, nous aimâmes, vous
aimâtes, ils aimèrent ; je finis, tu finis, il finit,
nous finîmes, vous finîtes, ils finirent ; je reçus,
tu reçus, il reçut, nous reçûmes, vous reçûtes, ils
reçurent ; je devins, tu devins, il devint, nous de-
vînmes, vous devîntes, ils devinrent.*

D. Quelles sont les règles pour le *futur de l'indicatif?*

R. Il se termine toujours ainsi : *rai, ras, ra,
rons, rez, ront : j'aimerai, tu aimeras, il aimera, nous aimerons, vous aimerez, ils aimeront ; je recevrai, tu recevras, il recevra, nous
recevrons, vous recevrez, ils recevront* (1).

D. Comment se termine le *conditionnel présent?*

R. Toujours ainsi : *rais, rais, rait, rions, riez,*

---

(1) Il ne faut pas écrire *je receverai, je renderai.* On ne
met e devant *rai* et *rais*, que dans les verbes en *er.*

raient : j'aimerais , *tu aimerais* , *il aimerait* , *nous aimerions* , *vous aimeriez* , *ils aimeraient* ; *je recevrais* , *tu recevrais* , *il recevrait* , *nous recevrions* , *vous recevriez* , *ils recevraient.*

D. Comment se termine le *présent du subjonctif ?*

R. Toujours ainsi : *e* , *es* , *e* , *ions* , *iez* , *ent.* *Que j'aime, que tu aimes , qu'il aime , que nous aimions , que vous aimiez , qu'ils aiment.*

D. Comment se termine l'*imparf. du subjonctif ?*

R. Il a quatre terminaisons : *asse* , *isse* , *usse* , *insse.*

Que j'aimasse , que tu aimasses , qu'il aimât , que nous aimassions , que vous aimassiez , qu'ils aimassent.

Que je finisse , que tu finisses , qu'il finît , que nous finissions , que vous finissiez , qu'ils finissent.

Que je reçusse , que tu reçusses , qu'il reçût , que nous reçussions , que vous reçussiez , qu'ils reçussent.

Que je devinsse , que tu devinsses , qu'il devînt , que nous devinssions , que vous devinssiez , qu'ils devinssent.

Nota. Voyez toutes ces règles avec plus de détails, dans mon *Traité des Verbes français* , chap. de l'Orthographe des Verbes.

D. Quelles sont les règles à suivre pour l'*ortho-graphe des participes passés ?*

R. D'après ce que nous avons dit *page 52* sur ces participes , seuls , ou avec le verbe *être* , dans les

Gram.   6

passifs et les neutres, ou bien avec le verbe *avoir*, il ne reste plus à parler que des pronominaux.

Dans ces verbes, le participe suit la même règle que dans les verbes actifs, c'est-à-dire qu'il n'est variable qu'autant qu'il est précédé d'un régime direct.

D. Expliquez ceci par des exemples.

R. Dans cette phrase : *elle s'est tuée*, *se* est le régime direct; cela veut dire : *elle a tué soi* ou *elle-même*. Or, comme ce régime est avant le participe, et qu'il est féminin, il faut écrire tuée par deux *e*. Mais dans cette phrase : *elle s'est donné la mort*, *se* est indirect; le régime direct est *la mort*; cela veut dire : *elle a donné la mort à soi*; donc le régime direct est après le verbe; donc le participe est invariable.

D. Le participe passif est-il variable quand il est suivi d'un autre verbe à l'infinitif?

R. Oui, si le nom ou pronom qui est avant le participe, est régime du verbe dont le participe fait partie; non, si c'est le régime de l'infinitif.

D. Expliquez ceci par des exemples.

R. Si, en parlant d'une femme, on dit : *je l'ai vue peindre*, et si l'on veut dire que c'est elle *qui* peignait, le pronom *la*, qui est avant *ai vu*, est régime de *ai vu*; cela signifie *j'ai vu elle peindre*; par conséquent il faut écrire *vue* avec une *e*, à cause du féminin.

Mais si l'on veut dire que c'était elle *que l'on* peignait, le pronom *la* est régime de *peindre*; cela signifie : *j'ai vu peindre elle.* Il faut écrire *vu* sans *e* (1).

30. D. Quelles sont les règles à suivre pour les adverbes terminés en *ment?*

R. Tous ces adverbes s'écrivent de même : *ment,* ainsi que la plupart des noms qui ont le même son final.

Les adjectifs s'écrivent en général, par *ant,* quand ils viennent d'un verbe, directement ou par étymologie, comme *obligeant, savant,* et par *ent,* quand ils ne viennent pas d'un verbe, comme *prudent.*

31. D. Quelles sont les règles à suivre pour l'orthographe *des pronoms et de quelques autres espèces de mots?*

R. *Leur* ne prend jamais *s* à la fin, quand il est joint à un verbe ; alors il signifie *à eux, à elles,* il est pronom personnel : *ces enfans ont été sages, je* leur *donnerai une récompense.*

Leurs, suivi d'un nom pluriel, prend une *s,* alors il signifie *d'eux, d'elles ;* il est adjectif possessif : *un père aime ses enfans, mais il n'aime pas leurs défauts.*

On ne met point d'accent sur *o* dans *notre, votre,* quand ils sont devant nom : *votre père, notre mai-*

<hr/>

(1) Voyez dans les *phrases graduées,* deuxième degré, de nombreux exemples pour l'application de ces principes généraux, sur lesquels les élèves ne peuvent être trop exercés.

son ; mais on met un accent circonflexe sur *ô* dans *le nôtre, le vôtre, la nôtre, la vôtre.* Exemple : *mon livre est plus beau que le vôtre.*

On met un accent grave sur *là,* adverbe de lieu : *allez là ;* on n'en met point sur *la,* article : *la sagesse ;* ni sur le pronom féminin *la : je la connais.*

On met un accent grave sur *où,* adverbe de lieu : *où allez-vous ?*

On n'en met point sur *ou,* conjonction : *c'est vous ou moi.*

On met un accent grave sur *à,* préposition : *vous allez à Paris.*

On n'en met point sur *a,* troisième personne du verbe *avoir : il a de l'esprit.*

On met un accent circonflexe sur *dû,* participe du verbe *devoir : rendez à chacun ce qui lui est dû.*

On n'en met point sur *du,* employé pour *de le : la lumière du soleil.*

32. D. Qu'est-ce que l'apostrophe ?

R. L'apostrophe (') est un signe qui marque le retranchement d'une voyelle.

Les monosyllabes *le, la, je, me, te, se, de, ne, que, ce,* perdent leur voyelle devant un mot qui commence par une voyelle ou une *h* muette, comme, *l'enfant, l'abeille, j'apprends, vous m'honorez, je t'avertis, il s'occupe, beaucoup d'orgueil, il n'obéit pas, qu'avez-vous fait ? c'est la vérité.*

Quelque perd *e* devant *un*, *autre*, quelqu'*un*, quelqu'*autre*.

Entre perd *e* devant *eux, elles, autres*, entr'*eux*, entr'*elles*, entr'autres.

Jusque perd *e* devant *à*, *au*, *aux*, *ici* : jusqu'*à Paris*, *jusqu'ici*.

Ces trois dernières règles sont des exceptions au principe qui veut qu'on ne remplace certaines voyelles par une apostrophe, qu'à un monosyllabe.

I se retranche dans le mot *si*, devant *il*, *ils* : s'il *arrive*, s'ils *viennent*.

33. D. Quel est l'usage du *trait d'union* ?

R. Le *trait d'union* (-) se met entre le verbe et certains petits pronoms, quand ces mots sont placés après le verbe : *irai-je? viens-tu? viendra-t-elle? a-t-on fait? prenez-en*, etc.

On met encore le trait d'union entre deux mots tellement joints ensemble qu'ils n'en font plus qu'un : *chef-d'œuvre*, *courte-pointe*, *avant-coureur*.

34. D. Qu'est-ce que le *tréma* ?

R. (¨) On appelle ainsi deux points placés sur les voyelles *e*, *i*, *u*, quand ces lettres doivent être prononcées séparément de la voyelle qui précède, comme *haïr*, *ambiguë*, pour empêcher qu'on ne prononce ces mots comme *air*, *fatigue*.

35. D. Qu'est-ce que les *guillemets*?

R. Ce sont des signes qui se mettent avant, à côté et à la fin du discours d'un autre, que l'on cite. Exemple : *mon papa me disait souvent :* «Ins- » truisez-vous, mon fils; cela vous fera honneur » et profit ».

36. D. Qu'est-ce que la *cédille* ?

R. On appelle ainsi un petit signe qu'on met sous le *c* devant *a* , *o* , *u* , pour avertir qu'il doit avoir le son d'une *s* , comme dans *façon, leçon, façade, reçu.*

37. D. Qu'est-ce que la *parenthèse ?*

R. Ce sont deux crochets dans lesquels on renferme quelques mots qui interrompent la marche de la phrase.

Exemple : *Un Romain (ce fut Regulus) aima mieux périr dans les supplices , que de manquer à sa parole.* (Voyez pour ces signes ainsi que pour la ponctuation , l'*analyse du* 3°. *degré.*)

38. *De la Ponctuation.*

D. A quoi sert la *ponctuation* ?

R. A indiquer les endroits du discours où l'on doit s'arrêter.

D. Quelles sont les marques de la ponctuation ?

R. Ce sont : 1°. la *virgule* (,). Elle se met après les noms, les adjectifs, les verbes qui se suivent. Exemple : *La candeur, la docilité , la modestie, sont les vertus de l'enfance.*

Elle sert encore à distinguer les différentes parties d'une phrase. Exemple : *L'étude rend savant, et la réflexion rend sage. Les écoliers doivent beaucoup s'appliquer aux Langues latine et française , et ne pas négliger la Géographie , l'Histoire et la Mythologie.*

2°. Le *point avec la virgule* (;) se met entre

deux phrases dont l'une dépend de l'autre. Exemple : *La douceur est une vertu; mais elle ne doit pas dégénérer en faiblesse.*

3°. Les deux points (:) se mettent après une phrase finie, mais suivie d'une autre qui sert à l'éclaircir. Exemple : *Il ne faut jamais se moquer des misérables : car qui peut s'assurer d'être toujours heureux ?*

4°. Le *point* (.) se met à la fin des phrases, quand le sens est entièrement fini. Exemple : *Le mensonge est le plus bas de tous les vices.* On met plusieurs points de suite, quand une phrase reste suspendue sans être achevée.

4°. Le *point interrogatif* (?) se met à la fin des phrases qui expriment une interjection. Exemple : *Qu'as-tu fait ce matin ?*

Le *point exclamatif* (!) se place après les interjections, et après les phrases exclamatives. Exemple : *Combien on doit de reconnaissance à ses parens !*

39. *De la Prononciation.*

D. Y a-t-il des règles pour la *prononciation* ?

R. Oui, la règle générale est de prononcer les mots comme on les écrit. D'après cette règle, il faut consulter pour la prononciation tout ce qui a été dit sur l'orthographe, dans les chapitres précédense. Il y a quelques exceptions, qu'on apprend par l'usage, et en fréquentant les personnes qui parlent bien. Une des premières attentions à avoir, c'est, lorsqu'un mot est suivi immédiatement, et sans aucune ponctuation, d'un mot qui commence par une voyelle, ou par une *h* non aspirée, de faire sonner la consonne qui termine le mot, avec la voyelle qui commence le mot suivant. Exemple : Les-hommes, les-animaux, vous-avez, cet-ouvrage.

Quand un infinitif en *er* est devant une consonne, comme dans ces mots : *aimer ses semblables*, on prononce comme s'il y avait : *aimé ses semblables*. Mais si le mot qui suit l'infinitif, commence par une voyelle, ou par une *h* non aspirée, comme dans *aimer à chanter*, le mot *aimer* se prononce en faisant sonner la lettre *r*.

FIN,

IMPRIMERIE DE BRASSEUR AINÉ,

RUE DAUPHINE, N° 36,

COURS

DE

TRINITÉ ÉLÉMENTAIRE.

Traduction de l'Epitome.